T0329373

VOCABULARIES

OF THE

KAMBA AND KIKUYU
LANGUAGES

VOCABULARIES

OF THE

KAMBA AND KIKUYU
LANGUAGES

OF

EAST AFRICA

BY

HILDEGARDE HINDE
(Mrs Sidney L. Hinde)

AUTHOR OF A MASAI GRAMMAR

CAMBRIDGE
AT THE UNIVERSITY PRESS
1904

CAMBRIDGE
UNIVERSITY PRESS

University Printing House, Cambridge CB2 8BS, United Kingdom

Published in the United States of America by Cambridge University Press, New York

Cambridge University Press is part of the University of Cambridge.

It furthers the University's mission by disseminating knowledge in the pursuit of
education, learning and research at the highest international levels of excellence.

www.cambridge.org
Information on this title: www.cambridge.org/9781107669123

© Cambridge University Press 1904

First published 1904
First paperback edition 2014

A catalogue record for this publication is available from the British Library

ISBN 978-1-107-66912-3 Paperback

PREFACE.

It is not necessary to append even grammatical notes to the following vocabularies. Both the Kamba and Kikuyu languages belong to the Bantu group and their construction is precisely similar to that of Swahili, that is, all grammatical inflexion takes place at the beginning of the word.

The object in publishing a Swahili vocabulary parallel with the Kamba and Kikuyu is to emphasise the intimate relationship between the three languages.

Swahili has become the trade language of East Africa: it is spoken at Zanzibar and all along the coast of both British and German East Africa, and the coast traders, travelling inland, have carried it into the interior. It is therefore highly improbable that an attempt to learn any of the native languages would be made without first mastering the rudiments of Swahili.

In both the Kamba and Kikuyu languages the nouns are divided into a number of classes (being distinguished by the first syllable), and all adjectives, pronouns and numerals are brought into relation with these nouns by corresponding changes of their first syllables. There is no class denominative of sex, though in each language there is a class which denotes animate objects. There is no article, definite or indefinite.

The Kamba vocabulary is in two dialects, the Ulu which is used from Machakos to the coast, and the Nganyawa, spoken in part of the Kitui District.

I have given the dialect in Kikuyu (that spoken in Jogowini) with which I am personally acquainted, though in the Kenya Province there are, to my knowledge, two other dialects and these again differ from the dialects in the neighbourhood of Nairobi.

It is interesting to note that the Akikuyu of the southern part of the Kenya Province and the Akamba of the adjoining Kitui District readily understand each other.

Swahili itself has distinct local differences, not alone in the pronunciation, but in the variation of words in the Zanzibar, Mombasa and Lamu dialects, though all are easily understood if one dialect be well known. In the Swahili of the following vocabulary the Zanzibar dialect has been employed, since it is the most widely known. All the verbs in the Swahili vocabulary, and most of those in the other two vocabularies, are given in the Infinitive Mood; this is represented by the prefix *ku*; but in Kamba, and sometimes in Kikuyu, it not infrequently becomes *gu*. In the Swahili vocabulary the plural of each noun has been given.

The usual rules for the formation of the plural in both Kamba and Kikuyu are as follows:

1.   Nouns (representing animate objects) beginning with *mu* form their plurals in *a*: as *mu*ka = woman, *a*ka = women.

The Swahili people, or *Wa*-Swahili, have made the term *M*kamba (the individual), *Wa*kamba (the plural), *M*kikuyu (the individual), *Wa*kikuyu (the plural); the native forms are *Mu*kamba (sing.), *A*kamba (plural), *Mu*kikuyu (sing.), *A*kikuyu (plural).

2. Nouns beginning with *mu* (not representing animate objects) change the *mu* into *mi* in the plural: as *mu*ti = tree, *mi*ti = trees.

3. Nouns beginning with *i* change the *i* to *ma* in the plural: as *i*higa = stone, *ma*higa = stones.

4. Nouns beginning with *ki* change the *ki* to *i* in the plural: as *ki*ratu = sandal, *i*ratu = sandals.

5. Invariable nouns are those beginning with an *n*: as *n*yumba = house, *n*yumba = houses.

6. Nouns beginning with *ka* or *ki* form their plurals in *twa* or *shi*. as *ka*na = child, *twa*na or *shi*ana = children; *ki*ara = finger, *shi*ara = fingers.

The chief difference between Kamba and Kikuyu lies in the absence of the letter *R*[1] in the former (this is owing to the lisp common to all Akamba, probably on account of their filed teeth) and the frequency of the aspirate in the latter. In both languages *K* and *G*, *B* and *V*, *Th* and *S* or *Z*, and in Kikuyu *R* and *L*, are practically interchangeable. The Kikuyu accent is much broader and stronger; but, as will be seen, many of the words are almost, and others are quite similar in the two languages. Great care has been taken to give the pure native rendering to all the words, and none of the Swahili words which have been incorporated into the

---

[1] Occasionally I have been obliged to use double *r* to represent a certain guttural sound.

languages have been included. Much confusion is caused by the compilers of vocabularies interpolating foreign words where a native language has no equivalent, and thereby rendering it almost impossible to estimate correctly the philological construction of the language. Both Kamba and Kikuyu are very primitive languages and are entirely without many of the most simple words.

The conjugation of one verb and a few common phrases are appended, as they show at a glance the similarity of the construction of the three languages.

HILDEGARDE HINDE.

FORT HALL,
    BRITISH EAST AFRICA,
      September, 1902.

THE ADPHABET.

The vowels are pronounced as in Italian and the consonants as in English.

There are in addition the modifications ö and ü.

The spelling used is phonetic.

The accent almost invariably falls on the penultimate.

Where an accent is particularly marked I have used the long accent sign – and very occasionally the short accent ◡.

B and V, G and K, Th and S or Z, and in Kikuyu R and L, are interchangeable.

The sound of RR is very marked and should be pronounced with a distinct burr.

A as *a* in *father*
B as in *but*
Ch ,,   *church*. Italian *c* before *i* and *e*
D   ,,   *does*
E as *a* in *dare*
F as in *fill*
G   ,,   *gate*, never soft as in *generous*
H   ,,   *hit*
I as *ee* in *sweet*
J as in *jump*
K   ,,   *kalendar*
L   ,,   *lost*
M   ,,   *must*

N as in *not*
O   „   *go*
P   „   *point*
R   „   *run*
S   „   *sat*
T   „   *time*
U as *oo* in *fool*
V as in *vain*
W   „   *won*
Y   „   *yonder*
Z   „   *zebra*
Ö}
Ü}   „   German
Th   „   *think* and sometimes as in *they*
Kw as the sound *qu*

M and N when commencing a word and when followed by a consonant are peculiar African sounds. The nearest approximation to their pronunciation is the slight sounding of the *m* in *mutter*, and the *n* in *no*.

VERBS.

All regular verbs in Swahili end in *a*, though verbs derived from the Arabic may end in *e*, *i*, or *u*.

In the Kamba and Kikuyu languages nearly all verbs end in *a*; a few end in *i* or *e*, and a very few in *o* or *u*.

In all three languages there are negative as well as affirmative conjunctions, the tenses and persons being distinguished by prefixes.

THE INFINITIVE.

The Infinitive is formed by prefixing *ku* (*gu* is frequently used in Kamba and sometimes in Kikuyu) to the simple verb. The *u* becomes *w* before *a*, *e* and *i*, and almost disappears before *o*.

Swahili.

Ku-shinda=to conquer

Kamba and Kikuyu.

Ku *or* gu-tinda=to conquer

INDICATIVE MOOD. PRESENT TENSE.

In Swahili, Kamba and Kikuyu the Indicative Present is formed by prefixing -*a*- to the verb. In all cases the personal pronoun precedes the tense prefix.

Swahili.

n-a-shinda	I conquer
w-a-shinda	thou conquerest
a-shinda	he *or* she conquers
tw-a-shinda	we conquer
mw-a-shinda	you conquer
w-a-shinda	they conquer

Kamba and Kikuyu.

n-a-tinda	I conquer
w-a-tinda	thou conquerest
a-tinda	he *or* she conquers
tw-a-tinda	we conquer
mw-a-tinda	you conquer
m-a-tinda	they conquer

Present Imperfect.

In Swahili the Present Imperfect is formed by prefixing *-na-* to the verb, in Kamba and Kikuyu by prefixing *-ki-*.

Swahili.

ni-na-shinda	I am conquering
u-na-shinda	thou art conquering
a-na-shinda	he *or* she is conquering
tu-na-shinda	we are conquering
m-na-shinda	you are conquering
wa-na-shinda	they are conquering

Kamba and Kikuyu.

ni-ki-tinda	I am conquering
wa *or* u-ki-tinda	thou art conquering
a-ki-tinda	he *or* she is conquering
tu-ki-tinda	we are conquering
mu-ki-tinda	you are conquering
me *or* ma-ki-tinda	they are conquering

Present Perfect.

In Swahili the Present Perfect is formed by changing the final *-a* of the verb to *-eti* or *-iti*.

In Kamba and Kikuyu by prefixing *-me-*, in Kamba and Kikuyu by prefixing *-me-*.

Swahili.

ni-me-shinda	I have conquered
u-me-shinda	thou hast conquered
a-me-shinda	he *or* she has conquered
tu-me-shinda	we have conquered
m-me-shinda	you have conquered
wa-me-shinda	they have conquered

Kamba and Kikuyu.

ni-tind-eti *or* iti	I have conquered
we *or* u-tind-eti *or* iti	thou hast conquered
a-tind-eti *or* iti	he *or* she has conquered
tu-tind-eti *or* iti	we have conquered
mu-tind-eti *or* iti	you have conquered
me *or* ma-tind-eti *or* iti	they have conquered

PAST PERFECT.

In Swahili the Past Perfect is formed by prefixing -li- or -ali-, in Kamba by changing the final -a of the verb into -ie and prefixing the tense sign -na-, in Kikuyu by changing the final -a of the verb to -eri.

Swahili.

ni-li or n-ali-shinda	I conquered
u-li or w-ali-shinda	thou conqueredst
a-li or w-ali-shinda	he or she conquered
tu-li or tw-ali-shinda	we conquered
m-li or mw-ali-shinda	you conquered
wa-li or w-ali-shinda	they conquered

Kamba.

ni-na-tind-ie
wa or u-na-tind-ie
a-na-tind-ie
tu-na-tind-ie
mu-na-tind-ie
me or ma-na-tind-ie

Kikuyu.

ni-tind-eri
wa or u-tind-eri
a-tind-eri
tu-tind-eri
mu-tind-eri
me or ma-tind-eri

FUTURE.

In Swahili the Future is formed by prefixing -ta-, in Kamba and Kikuyu by prefixing -ka- or -ga-.

Swahili.

ni-ta-shinda	I shall conquer
u-ta-shinda	thou shalt conquer
a-ta-shinda	he or she shall conquer
tu-ta-shinda	we shall conquer
m-ta-shinda	you shall conquer
wa-ta-shinda	they shall conquer

Kamba and Kikuyu.

ni-ta-ka or nin-ka or ga-tinda	I shall conquer
wa or u-ka or ga-tinda	thou shalt conquer
a-ka or ga-tinda	he or she shall conquer
tu-ka or ga-tinda	we shall conquer
mu-ka or ga-tinda	you shall conquer
me or ma-ka or ga-tinda	they shall conquer

THE IMPERATIVE.

In Swahili the Imperative is formed by using the simple form of the verb, but it is more usual to change the final -a to -e. The plural is formed by adding -ni. In Kamba and Kikuyu the simple form of the verb is used in the singular, the plural being formed by adding -ni or -i.

Swahili.

shinda *or* shinde	conquer thou
shindani *or* shindeni	conquer ye

Kamba and Kikuyu.

tinda	conquer thou
tindani *or* tindai	conquer ye

THE SUBJUNCTIVE.

In Swahili, Kamba and Kikuyu the Subjunctive is formed by prefixing the personal pronoun and when the verb ends in -a changing that letter to -e.

Swahili.

ni-shinde	that I may conquer
u-shinde	that thou mayst conquer
a-shinde	that he *or* she may conquer
tu-shinde	that we may conquer
m-shinde	that ye may conquer
wa-shinde	that they may conquer

Kamba and Kikuyu.

ni-tinde	that I may conquer
wa *or* u-tinde	that thou mayst conquer
a-tinde	that he *or* she may conquer
tu-tinde	that we may conquer
mu-tinde	that ye may conquer
me *or* ma-tinde	that they may conquer

NEGATIVE PRESENT.

In Swahili the Negative Present is formed by the negative prefixes and the changing of the final -a of the verb to -i. In Kamba and Kikuyu it is formed by prefixing -di- or -ndi-; either form seems to be correct.

Swahili.

si-shindi	I do not conquer
hu-shindi	thou dost not conquer
ha-shindi	he or she does not conquer
hatu-shindi	we do not conquer
ham-shindi	you do not conquer
hawa-shindi	they do not conquer

Kamba and Kikuyu.

n-di-tinda	I do not conquer
wa or u-di or ndi-tinda	thou dost not conquer
a-di or ndi-tinda	he or she does not conquer
tu-di or ndi-tinda	we do not conquer
mu-di or ndi-tinda	you do not conquer
me or ma-di or ndi-tinda	they do not conquer

NEGATIVE PAST PERFECT.

In Swahili the Negative Past Perfect is formed by the negative prefixes followed by -ku-, in Kamba and Kikuyu by the negative prefix -di- or -ndi- followed by -na-.

Swahili.

si-ku-shinda	I did not conquer
hu-ku-shinda	thou didst not conquer
ha-ku-shinda	he or she did not conquer
hatu-ku-shinda	we did not conquer
ham-ku-shinda	you did not conquer
hawa-ku-shinda	they did not conquer

Kamba and Kikuyu.

n-di-na-tinda	I did not conquer
wa or u-di or ndi-na-tinda	thou didst not conquer
a-di or ndi-na-tinda	he or she did not conquer
tu-di or ndi-na-tinda	we did not conquer
mu-di or ndi-na-tinda	you did not conquer
me or ma-di or ndi-na-tinda	they did not conquer

Negative Future.

In Swahili the Negative Future is similar to the Affirmative Future, only the negative personal prefixes are used. In Kamba and Kikuyu it is also similar to the Affirmative Future but the negative prefix -di- follows the personal prefixes.

Swahili.

si-ta-shinda	I shall not conquer
hu-ta-shinda	thou shalt not conquer
ha-ta-shinda	he or she shall not conquer
hatu-ta-shinda	we shall not conquer
ham-ta-shinda	you shall not conquer
hawa-ta-shinda	they shall not conquer

Kamba and Kikuyu.

n-di-ka or ga-tinda	I shall not conquer
wa or u-di or ndi-ka or ga-tinda	thou shalt not conquer
a-di or ndi-ka or ga-tinda	he or she shall not conquer
tu-di or ndi-ka or ga-tinda	we shall not conquer
mu-di or ndi-ka or ga-tinda	you shall not conquer
me or ma-li or ndi-ka or ga-tinda	they shall not conquer

Negative Imperative.

In Swahili the Negative Imperative is formed by si- with the affirmative forms. In Kamba and Kikuyu by di- or ndi-.

Swahili.

si-shinda or shinde	conquer thou not
si-shindeni	conquer ye not

Kamba and Kikuyu.

di or ndi-tinda	conquer thou not
di or ndi-tindani or tindai	conquer ye not

Negative Subjunctive.

In Swahili the Negative Subjunctive is formed by inserting -si- between the affirmative personal prefix and the verb, in Kamba and Kikuyu by prefixing the negative -di- or -ndi- to the Affirmative Subjunctive.

Swahili.

ni-si-shinde	that I may not conquer
u-si-shinde	that thou mayst not conquer
a-si-shinde	that he or she may not conquer
tu-si-shinde	that we may not conquer
m-si-shinde	that you may not conquer
wa-si-shinde	that they may not conquer

Kamba and Kikuyu.

n-di-tinde	that I may not conquer
wa or u-di or ndi-tinde	that thou mayst not conquer
a-di or ndi-tinde	that he or she may not conquer
tu-di or ndi-tinde	that we may not conquer
mu-di or ndi-tinde	that you may not conquer
me or ma-di or ndi-tinde	that they may not conquer

Note. It is not unfrequent, in general conversation, both in Kamba and Kikuyu, to ignore the conjugated forms of the verb. This is more especially so in sentences of only a few words. In these cases the simple or infinitive form of the verb is used with the proper pronominal prefixes; as, I will return = ninkvshoka instead of ninkashoka.

VOCABULARY

A

English	*Swahili*
abdomen	kinena, tumbo, pl. matumbo
across (the other side)	ngambo
adder (puff-)	bafe
adjoining	mpaka moja
adjudge (v.)	kukata maneno
afraid	ogopa
afterbirth	mji wa nyuma
afternoon	athuhuri
afterwards	halafu
again	tena
agree (v.)	kupatana
ahead	mbele
alive	-zima
all	-ote
all of us	sisi sote
allow (v.)	kupa ruksa
all right	vema
aloe	subiri
alone	peke yake
also	na, tena
alter (v.)	kubadili
always	sikuzote *or* killa siku
and	na
angry	-kali
ankle	kiwiko cha mguu
anklets	mtali, pl. mitali (small)
„	furungu, pl. mafurungu (big)
„ (brass)	
answer (v.)	kujibu

A

	Kamba	*Kikuyu*
Ulu dialect	*Nganyawa dialect*	*Jogowini dialect*
	ibu	nda
	kianda	murrimorria
mupaka mamwe	kukomona	mwakaumwe
gumi nen detto	kudila maneno	kutūa
gukia	enkukea	witigirra *or* guer
	nsŏŏ	njoguu, sigila
	muthenia	mialano
kalanga	thenaikuka	nitigarete
muthen yongi	matuku angi	riingi
	kuindu	kuiguana
	mbe	hituka, mbe
-wima	-cheo	-tungu
-onthe	-oonde	-ōthe
ithi onthe	andu oonde	ithiwi ōthe
kubalunundjika	kuluuntha	kuinuka
utheo	utzeo	-wēga
	itoma	kiroma
	mundu emwe	mundu munwe
	utille	riingi
	kuani	kukurania
muthenia monthe	matuk oonde	matuku mōthe
	na	na
nguldimu, -thuku	killalu	-moru
	kuu	runyadide
	chuma	materre
	uthuku	
		ndumwia
ndetto	kundungia	kuatterreri *or* kuetekia

English	Swahili
ant (large black)	ngwiro
„ (small black)	chungu
„ (red)	siafu
„ (white)	mchwa
antelope	swarra
anthill	kisugulu, pl. visugulu
anus	mkundu
anything	kitu
apace	upesi
arm (the whole)	mkono, pl. mikono
„ (fore)	
„ (upper)	
armpit	kwapa, pl. makwapa
arrive (v.)	kufika
arrow	mshale, pl. mishale
arrowhead	chembe, pl. vyembe
ashes	jifu, pl. majifu
	ivu, pl. maivu
ask (v.)	kuuliza
at once	mara moja
awake (v.)	kuamka
axe	shoka, pl. mashoka

B

baboon	nyani
back	mgongo, maungo
„ (small of)	kiunu
bad	-baya
bag	mfuko, pl. mifuko
bamboo	mwanzi, pl. miwanzi
banana	ndizi
bank (the opposite)	ngambo
baobab tree	mbuyu, pl. mibuyu
bark (v.)	kulia
„ (of tree)	ganda (soft), gome (hard)

	Kamba	*Kikuyu*
Ulu dialect	*Nganyawa dialect*	*Jogowini dialect*
	ndzingi	
	njinji	thigirriri
nguugu	nduagu	tharaku
	umūū	muthua
	ngattata	irōōnga
	kivuumbu	muthongorrima
		musite
	kiindu	kiindu
	mituki	narua
	mokono	wuoko
	kuoko	kuwoko
	ibindi ya kitua	kichako
njakwaba	nzakuava	enjegeki
kubike	kufika	kudākinya
musie	mutchi	mugui
	euuuiu	mbugl
	mūū	muhu
gukulia	kwibaja	kunikē
oiyuyu	mituki	rimue
kuamukka	kwamoka	kundōkira
	ithoka, pl. mathoka	ithanoa, pl. mathanoa

B

	ngulli	nugu ao ithinwa
muongo	moongo	mgongo
	kitiimba	ihindi
-thūgu	tabisie	-thuku
ngussu	chōōndo	moondo, kiondo
miangi, mwangi	ithua, pl. mathua	mrangi, pl. mirangi
	maīyu	marigu
	kianda	mulimorua
	mwamba	mugiyo
	kukuma	kugambu
ukanda	matheendu	makonni

English	Swahili
barrel	pipa
barrenness	tassa
basin	bakuli
basket	kikapo, pl. vikapo
bastard	mtoto waharam
bat	popo
bathe (v.)	kuoga
beads	ushanga, pl. shanga
	kuta
beak	ndomo wa ndege
beans	kuunde
„ (tree)	baazi
bear fruit (to)	kuzaa
beard	ndevu, madevu
because	kwa sababu
bed	kitanda, pl. vitanda
bee	nyuki
beer (native)	tembo
beetle	nuru
beg (v.)	kuomba
beggar	mwombaji, pl. waombaji
belch (v)	kuongulia
bell	kengele
„ (cow)	kivumanzi
„ (warrior's)	enjuga
bellows	mifuo, mivukuto, kiliba, pl. viliba
belt	mshipi
„ (sword)	
„ (warrior's)	
„ (women's)	tunda (of beads)
bend (v.)	kuinama, kupinda
better	heri, afathali
between	katikati ya
bird	ndege, nyuni
„ (small)	kinda, pl. makinda
bite (v.)	kuuma
bitter	-chungu

Kamba		*Kikuyu*
Ulu dialect	*Nganyawa dialect*	*Jogowini dialect*
	kitupa	mwatu
	nthãäta	thãätu
	nsele	
	idjondo, pl. madjondo	
		mwanai wai hariko
	udandalimu	ebŭbŭ
	kuthamba	kuithamba.
	muthanga	mugathi
	kikete	mikunungu
	muomo	muthēchi
	inthoogo	thoroko
	nthzuu	enjugu
	kutzia	kutziara
kingē	kiaiu	nderu
natta	chauosa	nikki
ui	thewl, pl. vuwl	orrere
nsuki, kinyu	nzuki	njuki
	uki	enjohi
	kingolondo	katinainyu
	kuvoiya	kuhoiya
	manthia unenge	muhoyi
	kukoa	kuhorrora
	kiamba	kigaamba (big)
mbwi		mbuggi
		injingirri (small)
	kiŏ	mūra
	nikinyunga	endoho
	endoo	ndoho
	kiketi	
kumanna	kutula	kuinamamera
	numutseo	numugima
katti	voo kati	ngatagati
	mbuungu	nyoni
	nyunni	
kukuma	kwer	kurumꞓ
-kulalako	-ūū	-nyungu

English	*Swahili*
black	eusi
bladder	kibofu, pl. vibofu
blaze (v.)	kuwaka
bleed (v.)	kutoka damu
blind person	upofu
blood	damu
blow (v.)	kuvuma, kupuzia
blow nose (v.)	kufuta kamasi
blue	samawi
boat	mashua
body	mwili, pl. miili
bog	tinga tinga
boil	jipu, pl. majipu
„ (v.)	kuchemka, kututuma
bone	mfupa, pl. mifupa
boot	kiatu, pl. viatu
border	mpaka, pl. mipaka
bore (v.)	kudidimikia, kuzua
born (to be)	kuzawa, kuzaliwa
both	wote wawili
bottle	chupa, pl. machupa
bow	uta, pl. matu or nyuta
	upindi, pl. pindi
box ears (to)	kupiga kofi
boy	kijana, pl. vijana
„ (circumcised)	hirim
bracelet	kekee (flat)
„	kikuku, pl. vikuku (round)
„	kingaja, pl. vingaja (of beads)
„	banagiri (ornamented with points)
„	timbi
bracken	
brain	bongo, pl. mabongo
branch	tawi, pl. matawi, utanzu, pl. tanzu
bray (v.)	kulia
break (v.)	kuvunja, kukatika
breast	ziwa, pl. maziwa

Kamba		*Kikuyu*
Ulu dialect	*Nganyawa dialect*	*Jogowini dialect*
-ziu	-wiu	-iru
	ngigu	thungi
	kungimma	kuwakana
	kundakamenie kume	kurathakame
	muundu na meetho	ngongu
nthakame	ndagami	sakame
kumithumu	kuwuba	kuhuha
	kumia	kumĩrra
	kithongo	ĩtu
	matama ya maanzi	——
mwi	mwili, mwiakwa	mwiri
	ndaka	itambaainɪ
mwimu	mwemu	ihuha, pl. mahuha
	kutheoka	kuhiuha
	ivindi, pl. mavindi	ihindi, pl. mahindi
	kĩatu, pl. ɪatu	kĩratu, pl. ɪratu
	mupaka	muhaka
	kutonya	kuthegetha
	kutzia	kuziara
	andu alle *or* elle	andu ere
tupa	kitupa	kitete
uta	itumo	uta
	kuna	kurunga
	kabisi	kahi
	mundu mime	mundu murume
	emunyo	miringa
	uthuku (iron)	kishango (flat metal)
	uthiu	loisiyu
ebutabuteelier	woongo	toombo
	uthaanzu	michuha
	kumalonso	kurira
	kutulika	kuunika
	noondo	nyondo

English	Swahili
breed (v.)	kuzaa
bridge	daraja
bring (v.)	kuleta
bring forth (about to)	tumbo uchungu
broad	-pana
broom	ufagio, pl. fagio
brother	ndugu
„ in law	shemegi
buffalo	nyati
build (v.)	kujenga, kuaka
bull	ndume, fahali, pl. mafahali
burn (v.)	kuwaka, kuteketea
burst (v.)	kupasuka, kutumbuka
bury (v.)	kuzika
bush buck	kungu (male), mbuwarra (female)
bustard (lesser)	handalla
but	lakini
butter	siagi
„ (clarified)	samli
„ milk	mtindi
butterfly	kipepeo, pl. vipepeo
buttocks	tako, pl. matako
buy (v.)	kununua, kuzabuni
by myself	peke yangu
„ thyself	„ yako
„ himself	„ yake
„ ourselves	„ yetu
„ yourselves	„ yenu
„ themselves	„ yao

C

cactus	mutupa, pl. mitupa
caffre corn	matama
calf	ndama
„ (of leg)	chafi cha mguu
call (v.)	kuita, kutaja

Ulu dialect	*Kamba* *Nganyawa dialect*	*Kikuyu* *Jogowini dialect*
	kutzia, kuuma	kutziara
	itāā	mugogo
guete	kukaiete	kurehe
	kutzia	niringiriere
	-nene	-jarria, -arrie
uviaiyo	viaiya	kihato
nindu	mwinai	murāta
	mwinawa	mthoñi
niai	mbo	mbogo
	kuaka	kuaka
	nzao	ndēgua
	kuungua	kuakanua
kuchialukku	kwatoko	kuatuka
kithuku	kuthika	kuthika
	nthyaiya	thwariga
issembalcli	ngooto	
	naanga	niire *or* ēku
	maota	ngorrono
	mauta mavivia	maguta
	kalia	uria
	kimbalutua	kihurruta
kitiimba	nitako	itina
kūer	gutho	kuūrra
	ninyoka	denyeki
	unu omwe	denyiki
wiweka	muundu menwe	arriwiki
	eweeka	ithuiki
	eweka	inyinyiiki
	andu meoka	ashumakiniau

C

	tiah	muthuuri
	mbiā	mweer
	ndama, nimoi	njau
	engelle	ikerre
	kwita	kumwita

English	*Swahili*
camel	ngamia
can (v.)	kuweza
cannot (I)	siwezi
cap	kofia
captain	nakhotha, naoza
carry (v.)	kuchukua
cartridges	kiass cha bunduki
cassava	mahogo, pl. hogo
castor-oil tree	mbarika
castrate (v.)	kuhasi, maksai
cat	paka
catch (v.)	kudaka, kukamata
caterpillar	kwanya
cause	sababu, maana, kisa
chain	mkufu, pl. mikufu
„ (large)	mnyororo, pl. minyororo
chair	kiti, pl. viti
chameleon	lumbwi, kinyonga, pl. vinyonga
charcoal	makaa ya miti
cheat (v.)	kudanganya
cheek	kitefute, pl. vitefute
chest	kifua, pl. vifua
„ (middle)	kidari (animals)
chew (tobacco)	kutafuna
„ (the cud)	kucheua
chicken	kuku
chief	mfalme, pl. wafalme
child	mtoto, pl. watoto
chin	kidevu, pl. videvu
chirp (v.)	kufionya
choose (v.)	kuchagua
circle	duara
circumcise (v.)	kutahiri, kumbi
circumciser	ngariba
circumcising instrument	mbano
claw	ukucha, pl. kucha

Ulu dialect	*Kamba* *Nganyawa dialect*	*Kikuyu* *Jogowini dialect*
	ngamele	
	nutonya	ningohotta
	nimuwao	dingihotta
	ngudua	ngofia
	minyamala	muthamakki
gukua	guĕr	kuua
	mbullu bullu	mbwebwe
	nemäänga	mugwatchi
	mbaluku	mbariki
kuatilla	kulilikanna	kuhakora
	mbaka	nempaka
	kwatta	kwatta
	maamo	kunyu, kigunyu
	nichaendotweno	mwanumarerake
	munyŏŏ, munnŏ	kirengeri
		monyoro (small)
kibilla, pl. ibilla	kitumbi, pl. itumbi	nkiti
	keembu	kĕĕmbu
	makaa	makarra
	kugulanni	kutukannia
ngambu	mataū	ikaii, pl. makaii
	kithui	kithuri, pl. ithuri
	umbua (middle)	nionda
	kuya kuthia	kurri ambakki
	mathaunyu	kurritatha gummia
	nguku	nenguku
	muundu mnene, pl. andu anene	muthamaki
kana, pl. twana	gana, pl. twana	kana, pl. twana
kinge	engolu	kirreru
kukusiamoi	itoloka	kunyuga
gumantha	kunyuvaa	kuthūra
	mutau	githiurrure
	kwaika	kuruwithia
	atu mia	muruitha
	wĕnzi	wenzi
waa	ngwa	ndoara

English	*Swahili*
clay	udongo
clean	safi
„ (v.)	kusafisha, kutakasa
clever	hodari, akili
climb (v.)	kupanda, kuparaga
clitoris	kisimi
cloth	kitambāā, pl. vitambāā, nguo
clothes	nguo, miguo, mavazi
cloud	wingu, pl. mawingu
coast	pwani
cocoa nut	nazi
cold	baridi
„ (in head)	mafua
collar	
colobus monkey	mbega
„ (head-dress)	
colour	rangi
comb (cock's)	upanga, mlole
come (v.)	kuja
„ back	kurudi
conceal (v.)	kuficha
conceive (v.)	kumimba
conquer (v.)	kushinda
consider (v.)	kufikiri
cook (v.)	kupika
cooking vessel	sufuria, pl. masufuria
copulate (v.)	kujami, kutomba
cord	ukamba, pl. kambaa, kigwe, pl. vigwe
cord (cowhide)	
corpse	mzoga, pl. mizoga
cotton (thread)	usi, pamba
cough	kukohoa
count (v.)	kuhesabu
country	inchi

Kamba		*Kikuyu*
Ulu dialect	*Nganyawa dialect*	*Jogowini dialect*
	nubongo	tutandaka	ndaka
-eza		-zeo	-hatta
	kututa		kuhuhatta, ku-therra
	-kili		-wega
	kukapande		kuhanda
	unguthu		lungussu, rungussu, kingula, muthita
	ngua		nguo
	ngua		nguo
mwingo		edu	huungu
	kisuani		kishauini
	munathi		
mbebo		mpepo	heho
ikua		igua	kikorrora
	ikanda		murramu
	mkollolo		nguyu
	kitukku		thũmbi
langi		mbu	thirika
	wiimba		ruhia
	kuka		kuka
sioka		kuka	kushoka
	kuwitha		kuhitha
eibu		kēgu	ihu
	kutinda		kutinda
	kulilikanna		kuthikina
kuuer		kūŭĕ	kuruga
nuungu		ithillia, mbiitziu	nyungu
	kununyitī		kuthicha, kirindi
uli		ndi	rurrigi *or* mkanda
mukua		nemekua	mukua
nukwie		ekugua	muundu muku
uli		nibamba	ruriggi
	gukoa		okorrora
kutella		kutala	kutara
	nthi		fururi

English	*Swahili*
cover (v.)	kufunika
cow	ngombe
coward	mwoga, pl. waoga
cowry	kauri, kete
crawl (a man)	kutambaa
creep (an animal)	„
crested crane	korongo, mavari
cricket	nyenzi
crocodile	mamba, ngwena
cross over (v.)	kuvuka
crow (white necked)	kunguru
crow (v.)	kuwika
crush (v.)	kuseta, kuponda
cry (v.)	kulia
cultivate (v.)	kulima
cunning	-erevu
cup (drinking vessel)	kikombi, pl. vikombi
cure (v.)	kuponya, kupoa
custom	dasturi
cut (v.)	kukata
„ (open)	kuchanja

D

dance	mchezo, pl. michezo
„ (v.)	kucheza
dance	chela (elders with mahindi in gourds)
dance	unyagu (girls at the age of puberty)
„	
„	
„	
„	
dandy	malidadi
dark	-a giza

	Kamba	*Kikuyu*
Ulu dialect	*Nganyawa dialect*	*Jogowini dialect*
	kunika	kunika
	ngombe	ngombe
ewia	wewia	ûer
	ngûtu	ngugutu
	kugunga	kukigamma
	„	„
	kĩua	morruaru
	mbavambui	kikuranyungu
	kinyangi	kingangi
	kugeloesi	kuringa
	nguungu	ihuru
	kwayi	kugãmba
kuendoke	kututa	kuhuragga
gwier	kwier	kurera
	kuimu	kurimma
	wassa	ûgi
	ikombi, pl. makombi	kihuri, pl. ihuri
	kwapoa	kuonna
nindettu	nikki	ugawega
kutilania	kudila	kutinnia
	kutemanga	kutemenga

D

	wathi	thoiitha, kuina
kusunga	kuthaoka	kuthoiitha
	kedume (elders)	muthun guuchi (elders)
	wathi yaiitu (women)	ngushu (children)
		kishukia (warriors)
		nduumo (young women)
		kitiiro (old women)
		reegu (uncircumcised boys)
nimwanakke	enuetzi muundu	sakka
kibiindu	tumanna	nduma

English	*Swahili*
dawn	alfajiri, kucha
day	siku
„ after to-morrow	keshu kutwa
daylight	mchana
deaf	kiziwi, pl. viziwi
dear (price)	ghali
debt	deni
defend (v.)	kulinda
deny (v.)	kukana
descend (v.)	kuteremka
destroy (v.)	kuharibu
devil	shetani, pl. mashetani
dew	umande
diarrhœa	tumbo la kuhara
dic-dic	paa
die (v.)	kufa
difficult	-gumu
dig (v.)	kuchimba
dirt	t'aka
dirty	chafu, taka taka
disembowel (v.)	kutumbua
disobey (v.)	kuasi
ditch	handaki
divide (v.)	kugawanya
do you hear ?	unasikia ?
dog	mbwa
donkey	punda
door	mlango, pl. milango
dove	hua
draw (v.)	kuvuta
„ water	kuteka maji
dream (v.)	kuota
drink (v.)	kunwa
drinking vessel (cow-horn)	
drive away (v.)	kufukuza
drum	ngoma
„ (small)	

	Kamba		*Kikuyu*
Ulu dialect	*Nganyawa dialect*		*Jogowini dialect*
kwatia		chooko	ruchini
utuku		muthenia	utuku
	awoke		ōke
	mathenia		mthenia
ndaiimatu		ndemata	njika
kithuku		nyeka	kihinya
	tenne		thiire
	tukaiiye		kurira
	kulea		kukana
guthea		kuthea	kuikerruka
	kuwananga		kuihier
	mbebo		
	waiyu		imme
	kwitua		ruharo
kabii	nīī	kamwe	thunui
kïwio	kugua		kukua *or* kuite
	mikiumu		kiumu
kuendzema		kuenza	kuenja
	ndakuju ndakuju		ndaka
	ndaka		mauti
gumier		kuvunna	kuturrikia
	kullikana		gutiga
	etiviku		irrima
	kutea		kugaana
niwewa ?		nikwewa ?	nikuiwa ?
solu		ngiti	kui *or* ngiti
ingoii		inguii	ndigiri
mwomo		mobiā	thōme
ndongo		ebui	ndutūrra
	kushier		kugutza
	kutapa maanzi		kutaha maii
	kwota		kurota
gunwa, gunya		kunuya	kumea
			rohier
	kuluunja		kuingata
kithembi		ngoma	ruimbo
	mbālia		

English	*Swahili*
drunk (to be)	kulewa
dry (get)	kukaoka, kavu
duck	bata, pl. mabata
dumb	bubu, pl. mabubu
dung (cow's)	mavi
dust	vumbi, pl. mavumbi
duyker (antelope)	dondoro

E

eagle	tai
ear	sikio, pl. masikio
,, (lobe)	
,, (top edge)	
,, (hole in lobe)	ndewe
early	mapema
earring	pete ya masikio
,,	jassi, pl. majassi (large round in lobe)
,,	
,,	
easy	-epesi
eat (v.)	kula
eel	kungu, pl. makungu
egg	yayi, pl. mayayi
eight	nane
eight times	mara nane
eighteen	kumi na nane
eland	pofu
elbow	kisigino, pl. visigino ; kivi, pl. vivi
elder	mzee, pl. wazee
elephant	tembo, ndovu
eleven	kumi na moja
empty	-tupu

	Kamba		*Kikuyu*
Ulu dialect		*Nganyawa dialect*	*Jogowini dialect*
nunyiwitioki		kutoona	nurēu
inyung		momo	kuma
	ibata		bata
	nobidetee		ihurri
	maii		mai
kito		kitoa	rukungu
	nthia		kathia

E

	kibalala		ndiiu
matu		kutu	kutu
	monni		mōnni
			ndugirri
	iima		uttu
kwatier		chioko	ruichini
	ngoome kutonya		ndĕbe (round orna- ments)
malulia (large round)		mute (large round)	nyorri (curved sticks)
			nyorri (double sticks)
			ichuhi (women's)
	kiollolo		enjororo
tuje, guya		kwer	kunigurria
kinyongo, pl. inyongo		mukanga	mumkunga
	itumbi, pl. matumbi		itumbi, pl. matumbi
nyanya		nanya	inyanga
	ka nanya		kanyanya
	ekumi na nanya		ikumi na inyanga
	ngulu		
kikokoa, pl. ikokoa		kinyungunu	kiokora, pl. iokora
	mtumia, pl. andumia		muthuri, pl. athuri
	unzōō		njogu
	ekumi na umwa		ikumi na imwe
	kithe		nihatheri

English	*Swahili*
end	mwisho, pl. miisho
endure	kuvumilia
enemy	adui, pl. maadui
enter (v.)	kuingia
entirely	kabisa
entrails	matumbo
equal	sawasawa
evening	jioni
every	killa
every day	sikuzote *or* killa siku
everything	killa kitu
everywhere	killa mahali
evil eye	mchenjio
exchange (v.)	kubadili
eye	jicho, pl. macho
„ brows	nyushi, nshi
„ lashes	kope
eye (pupil of)	
eyelid (upper and lower)	kope

F

face	uso, pl. nyuso
faint	zimia roho
fall (v.)	kuanguka
famine	nja
far	mbali
fast (adj.)	upesi
father	baba
father-in-law	mkwe, pl. wakwe
fear	uoga, ugopa
feather	nyoa, pl. manyoa
feed (v.)	kulisha
female	mke, pl. wake
fever	homa
fifteen	kumi na tano
fifty	hamsini

Kamba		Kikuyu
Ulu dialect	*Nganyawa dialect*	*Jogowini dialect*
amina	egomina	suha
	kuminzia	kuvumirrira
muthuku	muthugu	mugitti, pl. agitti
	enda	kutoonya
ikallalachomweni	nkuekapiu	ingueothe
	ebŭ	nda
	kalla kalla	nichiga, inaiine
	wio	waiini
kia	thionthe	nania, matungunite
	mithenia onthe	utuku ōthe
kiindu kionthe	ithami tyondi	indujothe
	utumu	kiragōthe
	kienni	ithemengo
kuane	kuana	kurānia
	itho, pl. meetho	ritho, pl. meetho
sienthaguba	kinthaguba	jurit cha meotho
	ngobe	embutu
	wikithi wa meetho	kuima kia ritho
	kikonde cha itho	kimonne

F

	uthio	uthio
	kubaluka	kugwatirira
	kubaluka	kugoa
	wendja	ngaragu
ekuasa	kuaatha	kuraiya
	mituki	kuhiwa, mituki
nau	atsa, baba	baba
,,	,,	wathiomo
kukea	kuthinye	kwitigirra
mawia	mwia	enjoiiya
kwithia	kwillia	kurithia
	muka, pl. akka	muka, pl. akka
enekua	kithui	kiuti
	ekumi na kitanu	ekumi na ithanu
	miongoele na kitanu	mirongoiri na itanu

English	Swahili
fight (v.)	kupigana
file	tupa
„ (v.)	kuchonga
fill (v.)	kujaza
find (v.)	kuona, kuzumbua
finger	kidole, pl. vidole
„ (first)	
„ (fourth)	
finish (v.)	kumaliza, kuisha
fire	moto, pl. mioto
firewood	ukuni, pl. kuni
first	kwanza
fish	samaki
„ (small)	dagāä
fish (v.)	kuvua samaki
fishbones	miba
fist	konde, pl. makonde
fit	kifafa
five	tano
five times	mara tano
flag	bandera
flea	kiriboto, pl. viriboto
flour	unga
flower	ua, pl. maua
flute	filimbi
fly	inzi, pl. mainzi
„ (tsetse)	mabu
fly (v.)	kuruka
fold (v.)	kukunja
foliage	majani
follow (v.)	kufuata
food	chakula, pl. vyakula
fool	mpumbafu, pl. wapumbafu
foot	mguu, pl. miguu
„ (flat of)	waio

Kamba		*Kikuyu*
Ulu dialect	*Nganyawa dialect*	*Jogowini dialect*
etekogita	kuna	kuhurana
ithoka		ithenua
kwasuvia		enjarronu
ususia	ekiameta	kuiyirria
nonie	kumbulla	kuona
kia, pl. thia		kiarra
kia kinini	tcha kimwe	kiarra ki morroto
kia cha mwela		
kiathella, guamina	kumina	kuthira
iko	mwadgi, djuki	mwaki
ekie iko	nguu	ngu
monthi		ikinya *or* kuambir-rira
ikuyu, pl. makuyu		sionguyu, ikuyu, makuyu mathambalya
gumia		kuruta
meuwa		migua
kwatta ngundi		ngūndi
nenduuka		ngŏma
itanu	kitanu	ithanu
katanu	mala itanu	katanu
kibeberro	ngwanduni	kibeberro
engalla	magiani	thūya, sūya
mutu		mutŭ
ia, pl. maia	malua	marua ·
		mwehe
ingi	inji	ingi, ingishi
mwimu		
kutulila	kuchulilla	kurūga
kūnja	kuoba	chokirriria
mathangu		mathangu
kumubikilla	kuthinaki	kuinginyira
leū	chakueer *or* kandu	irrio *or* kāndu
wendia	nindia	mkegu
kuu		runyarrire
unyai		ikinya

English	*Swahili*
forbid (v.)	kugombeza
ford	kivuko, pl. vivuko
forehead	paji la uso
forest	mwitu
forget (v.)	kusahau
forty	arobaini
four	'nne
fourteen	kumi na 'nne
four times	mara 'nne
friend	rafiki, pl. marafiki
frog	nyangimrovi
frown	kunja uso
fruit	tunda, pl. matunda
full	kujaa
furnace	kalibu

G

gain	faiyda
game (alive)	mawindo
„ (meat)	nyama
game trap	mtego ya nyama
garden	shamba, pl. mashamba
garter (leather)	
gather (v.)	kusanya
gentle	-anana
get (v.)	kupata
get ahead	kutangulia
get into	kuingia
get out	kutoka
get out of the way	similla
get (to a place)	kufika
get up	kuondoka
ghost	kivuli, pl. vivuli
giddy	levyalevya
giraffe	twiga
girl	kijana, pl. vijana
give (v.)	kupa, kutoa

Kamba		Kikuyu
Ulu dialect	*Nganyawa dialect*	*Jogowini dialect*
	kubata	kuregga
	kiandani	ikoni
	uthio	kingarra
kitheka	mtito, ēebu	kithaka
nolilue	ngulua	kuriganuo
	miongoele na inya	mirongo iri na ena
inna	inya	inya
	ekumi na inya	ikumi na inya
kainya	kanna	kanna
nendu	mnyanya	muratta, munduitu
	mundalali	kengere
	kwethuna	kuminyira
	etunda	ndunguru
kiusiomwita	ekiameta	kuiyurra
		murra

G

	kiliko	kiaugi
nyamma	nama	nyama
,,	,,	,,
	kutea	irrima
muunda	mundani	muganda
	uthuku	msaanga
	kumaanza	kutwenanyi
	-yana	-huthu
gunengua	kwatta	kukwatta
	kuthimbe	kituka
kusioka	kulika	kuthienyumba
	gumala	kuinnuka
	jillia	eherra
	gubika	kukinia
gugilla	guthi	kuthie
	mūnyi	kihirruru
		thieruruka
	ndia	ndwiga
kēlletu	kananga	karegu
	kumunenge	kuha

English	*Swahili*
give chase	kufukusa
give trouble	kusumbua
glad	furaha
gnaw (v.)	kuguguna, kutafuna
go (v.)	kuenda
go after	kufuata
go ahead	kutangulia
go away (from a place)	kuenda zangu, kutoka
go bad	kuoza
go over	kuvuka
go round	kuzunguka
go together	kuenda pa moja
goat	mbuzi
god	muungu, pl. miungu
goitre	tezi
good	-ema
„ (very)	-ema sana
goose (Egyptian)	
gourd	kibuyu, pl. vibuyu
gradually	pole pole
grain (small red)	kimanga
grandparent	babu (masc.), bibi (fem.)
grass	nyasi, majani
grasshopper	panzi, pl. mapanzi
gratis	burre
grave	kaburi, pl. makaburi
graze (v.)	kuparuga
great	bora, kubwa
greedy	-enyi roho
green	rangi ya majani, chanikiwiti
grey hairs	mvi
grief	sikitiko, msiba, hamu
grind (v.)	kusaga
ground	inchi, chini
grow (v.)	kuota, kumea

Kamba		*Kikuyu*
Ulu dialect	*Nganyawa dialect*	*Jogowini dialect*
kumulunja	kulunja	kuingata
	kunoa	kunyamarria
	guyameo	gukĕnna
kukuya	kunguma	kukarria
	kuthi	kuthie
	kubigilla	kinyirra
	kuthimbe	kituka
	kueenda	umothi, kumahaha
	kunyunga	kugutha
killa	inga	kuriṅga
	kuthrulukani	kurigishuka
twenda ni pandu pamwe	mathi vamwe	tuthi hamwe
	mbuii	mburri
ngaii (fr. the Masai)	milungu	ngaii (fr. the Masai)
	noiyengolu	
-zeo	-cheo	-wĕga
	ndetonzau	nimwega munnu
	maoma	saimbirri
kikuu, majii	kithalzia	kinya, pl. inya
	kabolla kabolla	kahora
	mukombi	mokombi, mkon-yori (when ground)
umãã, inya	atza mnini	gũũka (masc.), tchutchu (fem.)
nyekki, nyigi	mathangu	nyaki
	mbandi	miruga
	manna	hemanna
iima	kamana	mbirrera
kuithia	kutanyuka	kurithia
	-nene	-nene, marraia
	ngoo	mundu anda
	wiu	giko
	mbũe	mbui
	ninithatite	kuthikirra
	kuthia	kuthia
panthi	itheo	nisi
	kweerna	kumerra

English	Swahili
growl (v.)	kunguruma
guard (v.)	kulinda
guide	kiongozi
guinea-fowl	kanga, kororo
gum	ulimbo limbo
gums	ufizi, pl. fizi
gun	bunduki

H

hair	nyele, pl. unyele
hair (of animals)	nyoga, singa
hair (of pubes)	mavuzi
half	nusu˙
hammer	nyundo
hand	mkono, pl. mikono
„ (palm of)	kitanga cha mkono
handle (of knife)	kipini cha kisu
hang (up)	kuangika
hard	-gumu
hare	sungura
hasten (v.)	kuharaka, kuhimiza
hatch (v.)	kuatamia
hate (v.)	kuchukia
hawk	kipanga
haze	umande
he	yeye
head	kitwa, pl. vitwa
hear (v.)	kusikia
heart	moyo, pl. mioyo
heavy	-zito
hedgehog	kinungu
heel	kifundo cha mguu
heifer	mtamba, pl. mitamba
help (v.)	kusayidia
her	-ake
herd	mchunga, pl. wachunga
here	hapa

	Kamba		Kikuyu
Ulu dialect	*Nganyawa dialect*		*Jogowini dialect*
	kugelluma		kukirra, kukina
	kwikalliakimoso		kurira *or* kulila
	kalūūngu		mutongorria
	nganga		enganga
	nengoai		ulembwa
	kinni		kinni
musinga		ebuuti	mtshinga

H

ndiku		nzwi	enjüri
	uwea		njuerri
	ngeu		huyo, nowio
	nusu		kishuinji
	nundu		nyondo
kuoko		ntha	ruhi
kitaa		nzaa	kisika
	engaligweno		muti wa rehiu
	kuanika		igirrira
-nyummu		-wēēau	-umu
	kabokō		kapwuku, mbukku
	mikuti		mituki
	kudjewa		kuturrikia
	kumena		kumena
	kamali		karuguru
			imme
uya *or* miya		yeyai	wēē
	mutue		mtue
	kwewa		kwiwa
ndei		ethaiyu	-gorro
-witu		-nene	kiritu
	kithangaiidi		
kitiinyo		kidiinyo	kitogigo
	kamolli		mōōri
	kutethezie		mutuarria
wakua		itchak	nyaki
nikwithia			murithi
baa		vaa	haha

English	Swahili
hiccup	kwikwe
hide (v.)	kuficha
high	-refu
hill	kilima, pl. vilima
hinder (v.)	kuzuia
hippopotamus	kiboko, pl. viboko, tomondo
hips	tokono
his	-ake
hole	shimo, pl. mashimo, tundu, pl. matundu
honey	assali ya nyuki
honey box	msinga
hoof	ukwato, pl. kwato
horn	pembe, pl. mapembe
hornbill	horro hondo
horse	farasi
house	nyumba
how many	ngapi
hump	nundu
hungry	kuiva na njaa
hunt (v.)	kuwinda
husband	mume, pl. waume
hush	kaleli
hyæna	fisi, pisi
hyrax	perere

I

I	mimi
idle	-vivu
ill	ngonjwa
impala (antelope)	njue, funu
in	katika *or* indani
in front	mbele
india-rubber	mbuergo (false), mpira, mtorria (plant)
infect	kuombukiza

	Kamba		*Kikuyu*
Ulu dialect		*Nganyawa dialect*	*Jogowini dialect*
	kieketha		kiegetha, kiagessa
kubithite		kuvitha	kuhitha
	-wasa		-raiya
kiima		nikima	kirima
	ndukathi		kurigillia
nikiboko, nguo		bakora	nguo
	kitako		higo
nikiaki *or* wakwe		itchak	nyaki
iima		nima	irrima
	ukki wa nzuki		ūūki
	mwatu		mwãtu
	maraiyu		maungu
	mbia		ruher
	ngōōto		hūūma
ngamissi		falasi	mbarrasi
nyumba		numba	nyumba
sianata		nithiana	nichigana
	ngathi		iguku
	nanzaa		ngaragu
kuiya		kuthiema, kut-ziema	kugwima
	mume akwa		murume wakwa
pindia		monakilongo	kirra
	mbiti		hiti
	nzēē		kemi

I

ninye		ninyi	ninie
	-wia		-guta
	muwao		morruaru
	ndadai		ndatarri
ndjanue		ndani	theini
	mbe		kutongorria
	mperra		myakamwe, monguya (false)
			kumorroria

English	Swahili
inherit	kurithi
insect	mdudu, pl. wadudu
inside	ndani
iron	chuma
ivory	pembe, alaka

J

jackal	bweha
jigger	funza
journey	msafara, safari
jump (v.)	kuruka
juniper	
just	sawa sawa

K

keep (v.)	kuweka, kucheleza
kick (v.)	kupiga teke
kidney	figo, nso
kill (v.)	kuua, kuchinja (food)
kingfisher	
kiss (v.)	kubusu
kite	mwewe
knee	gote, pl. magote, ondo, pl. maondo
kneehollow	
kneel (v.)	kupiga magote
knife	kisu, pl. visu
knobkerry	rungu
knock (v.)	kugonga, kugoti.
know (v.)	kujua
knuckles	
kudu (greater)	barabanda
,, (lesser)	shambi

	Kamba	*Kikuyu*
Ulu dialect	*Nganyawa dialect*	*Jogowini dialect*
	kunengua	kugaia
ndulu	ngugui	ndutu
	indani	thini *or* sieni
	kiŏ	kigerra
	nzoo	muongo

J

mbiwa	tithia	mbue
	lulu, pl. malulu	ndutu
kialo	tchalo	kiarro
	kutullila	kurugaruga
	mutei	mutionaiyu
newua	kalla kalla	gwiganana

K

gunaiya	tendeoka	kuishokia
guutheli	mutheli	kwikiarra rugurrio
	maiiko	higo
muwao	kudilla	kuurra
	ndelembo	ngarekari
kugweteta	kuindimba	kumuunga
mbolozia	mbuungu	hungu
	iyu	iru
	ngelle	urrungo
	kulianthu	kuturriandu
kabiu	kaviu	roihiyu
	nzoma	njuguma
	kuna	kuringaringa
	kumanya	kumenya
ngokolla	mwaongo	nyunerro
		mbāru
	ndaii	

3—2

English   *Swahili*

L

English	Swahili
lame	kigulu
language	maneno, lugha
large	-kubwa
last	mwisho
laugh (v.)	kucheka
lazy	-vivu
lean (v.)	kutegemea
„ on (v.)	kujigongojea
leave (v.)	kuacha
leaves	majani
left hand	mkono kushoto
left (to be)	kusalia
leg	mguu, pl. miguu
leopard	chui
leprosy	ukoma, balanga
let go	kuacha
lick (v.)	kuramba
lid	kifuniko, pl. vifuniko
lie	wongo
life	uzima, roho
lift (v.)	kuinua
light	mwanga, pl. mianga
lightning	weupe, umeme
like (v.)	kupenda
like this	kama hivi
line	mstari, pl. mistari
line (boundary)	mpaka
lion	simba
lips	mdomo, pl. midomo
liquid	maji, kiowevu
listen (v.)	kusikiliza
liver	ini, pl. maini
lizard	mjusi, pl. wajusi
load	mzigo, pl. mizigo
locust	mzige, pl. wazige, nzige

| | *Kamba* | *Kikuyu* |
| *Ulu dialect* | *Nganyawa dialect* | *Jogowini dialect* |

L

	nuguthua	kuthua
	ndetu	kunagena
	-nene	-nene
	itinna	kurrigillia
gutheka	nebāsi	kutheka
	-urrtullu	-gūta
	guaiya	kuitirrania
	guaiya	kuitirrania
	guekka	kulekia
	mathaangu	mathangu
kuoko kwaka	mkono shoto	umotho
	kalia	kuihatigaila
	muthumu	kuhuru
ngoo	engo	ngare
	ekutheamwi	mchare
	ekka	kuachia
	kunyenya	kushuna
	kunika	guniko
uwungo	wuungu	mahēni
		ngorro
	gukillia	kueeyer
	mithenia	kierruru
	utissi wa mbua	ruhēni
gumwenda	guenda	kwenda
ekka kanu		kannōō, uguo
engurullu	mavandu	muhari
	mupaka	mupaka
munyambo	thimba	muruthi *or* mulozi
kilomo, pl. ilomo	moomo	kiromo, pl. iromo
	nussu	maii
	kutavie	igua
itemma	inya	ini
	nyuni	ruhuhu
	mwio	murigo
	ngie	ngigi

English	*Swahili*
log	gogo, pl. magogo
long	-refu
,, ago	zamani
look (v.)	kutazama
loose (v.)	kufungua, kuregea
lose (v.)	kupotea
lung	pafu, pumu

M

mad	-enyi wazimu, makoka
magic	uchawi (black), uganga (white)
maize	mahindi
make (v.)	kufanya, kufanyiza
male	mume, pl. waume
man	mtu, pl. watu
,, (old)	mzee, pl. wazee
many	-ingi
,, times	mara nyingi
marabout stork	jana mjussi, ndere
mark	alama
market	soko, pl. masoko
marriage	ndoa, harusi
marrow	bongo
marry (v.)	oa (husband), olewa (wife), oana (both), oza (parents)
massage	kukanda
masseuse	mkandai
mat	mkeka, pl. mikeka
me	mimi
measure (v.)	kupima
meat	nyama
medicine	dawa, pl. madawa
,, bottle	chupa cha dawa
,, man	mganga, pl. waganga
meet (v.)	kuonana, kutana, kusanyika
melt (v.)	kuyeyuka, kuayika

Kamba		Kikuyu
Ulu dialect	*Nganyawa dialect*	*Jogowini dialect*
	mwŏr	mugogo
-wassa	-thangau	-moraia
	tenne	tĕnne
kumussisia	guthia	korora
	guekka	kuchoka, kuachia
	nikiaiye	kūūra
	ibui	huri, pl. mahuri

M

	kilalu	-ngoma
enanduka		
	uwoii	urogi
	mbēmba	mbēēmba
guika	kweka	kurita
mundu mumiu	mume	murume
	mundu, pl. andu	muundu, pl. andu
muku	mtumia, pl. atumia	muthuri, pl. athuri
kiingi	chingi	riingi
	mathinyongi	matuku maingi
ngia	nthingi	singi
ilanga	ejo, nichoo	duoro
kituto	kinganga	kithogoro
	gwasia	gurra
	muthūngu	muthimu
gumasia	kukoa	kugurra
	gumobi binia	kukarriura
		wezua, wethua
	mkeka	ndarua
	ninyī	ninie
guthima	guella	kugerra
nyamma	nama	nyama
muthea	mŭti	muthaiiga
	kithitu	muthega
ngāānga	mundumwe	mundu mugo
	gukomanna	kuonana
	gukiathoka	kuharraganna

English	*Swahili*
menstruation	damu, heth
mid-day	athuuri
middle	kati
midwife	mzalisha
milk	maziwa
„ (v.)	kukama
millet	mweli
mimosa	mgunga
miscarriage	kuharibu mimba
mist	kungu, umande
money	fetha
mongoose	mchiro, pl. wachiro, kala
	kimburru (gracilis)
monkey	kima, tumbiri (small)
	ngedere (small black)
month	mwezi, pl. miezi
moon	mwezi
more	zayidi
morning	subui, assubui
mosquito	imbu
mother	mama, inya
mountain	mlima, pl. milima
moustache	sharbu, muomo, pl. miomo
mouth	kinwa, pl. vinwa
mud	tope, pl. matope
muscle	tafu, miraba
mushroom	kioga, pl. vioga
mutilate (v.)	kukata
my	-angu
myself	mimi mnyewe

	Kamba		*Kikuyu*
Ulu dialect		*Nganyawa dialect*	*Jogowini dialect*
	akame		mupaala, mgongo
	mutwe		miarraho
	baakati		gatagati
			husiarishia, mwit-charithia
	ĩya		ĩrria
gukamma		kuthuma	kukamma
	mbĩa		mwere
	munyũa		mugaa
neumetiebu		kumiebu	kuhunna
	imme		imme
	ikilliali		mbesha
ndzēē		nthēē	ikovakovi (white tailed)
			kaiihu (gracilis)
ntheu		nthenga	karrunguru
		kathaletu	thinua (ape)
	mbuĩ		mweri, mweli
mwei		mbui	mweri
kiliko		kingigeba	riingi *or* ongerrera
	mthenia		mthenya
	itāngua		rumurru
maiitu		mwaitu	maiitu
kiima		kilima kinene	kirima
kinge		kiyu	nderu
	moomo		miromo
	ndaka		ndaka
	ibindi		enjagathi
	ekunnu		ikunu, pl. makunu
	kudilla		kutemma
ichakua		yanga	wakua, yakua
	ninyi mwenye		nigiakoa

English   *Swahili*

N

nail (finger)	ukucha, pl. kucha
„ (brass, etc.)	msomari, pl. misomari
naked	-tupu, uchi
name	jina, pl. majina
narrow	-embamba
navel	kitovu, pl. vitovu
near	karibu
neck	shingo, pl. mashingo
„ (nape of)	ukosi, kikosi
necklace	ushanga (beads)
„	sinigussi
„	marijani (coral)
„	
needle	sindano
nest	tundu, pl. matundu
new	-pya
night	usiku
nine	kenda, tissa
nineteen	kumi na tissa
nine times	mara tissa
nipples	titi, bubu; chuchu ya ziwa
no	sio
noise	sauti, kaleli
none	hapana
no one	hapana mtu
nose	pua, pl. mapua
nostrils	tundu ya pua
not	hapana
nothing	hapana kitu
now	sasa
number	hesabu, kuvango

Ulu dialect	*Kamba* *Nganyawa dialect*	*Kikuyu* *Jogowini dialect*
	N	
waa	ngwa	ruarra
	msamali	
	muthei	enjaga
sietua	dzītwa	ritoa
thanthau	mtheeke	kisheke
	mukonyo	mukonyo, lulila, kikonya
bakubi	kalandi	hakuhi
ngingo	njingo	ngiingo
	ikoti	igotti
	munyo	ngashi (beads)
	siuma (iron)	murumbo (iron wire and chains)
	uli (beads)	shjuma (beads, hanging)
		mukassi
singano	thingano	mukuha
		nyumba ā nyonni
-kia	-thzau	-kieru
	utuku	ndumā
	kenda	ikenda
	ekumi na kenda	ikuma na ikenda
	kakenda	kakenda
	muthia wa noondo	musia
	ndi	tingo *or* aatcha
ekaunene	kiloonzo	inegene *or* kirrai
baiye	aiyee, batie	āāsha *or* utirri
	kutie mundu	utirri mundu
	inyu	inyürro
	imaainyu	
baiye	batie	aatch *or* hatirre
paie	batie	kutirre
oiyuyu	indino	rēu
	kutella	kugerra

English   *Swahili*

O

obey (v.)	kutii, kufuata, kutumikia
obstinate	mkaidi
of (belonging to)	-a, ya, wa, etc.
often	mara nyingi
oil	mafuta
old	-zee (animate), -kukuu (inanimate)
once	mara moja
one	moja
one hundred	mia
on top	juu ya
open (v.)	kufungua, kufunua
open	wazi
ordure	mavi
orphan	yatima
ostrich	buni
other	-ingini
our	-etu
outside	nje
overflow (v.)	kumiminika
overturn (v.)	kupindua
owe (v.)	kuwiwa
owl	bundi

P

pain	kuuma, maumivu
paint	rangi
,, (black)	,, neusi
,, (red)	,, mekundu, nyuue
,, (white)	,, neupe
palaver	shauri
palm	wali, pl. miwali
,, (borassus)	mkindu, mvume, pl. mivume
pant (v.)	kutweta
papyrus	miteti
parrot (green)	kwenzi, pl. makwenzi

Ulu dialect	*Kamba* *Nganyawa dialect*	*Kikuyu* *Jogowini dialect*

O

	kwiika	kumurrutaweri
	ndemattu	ndurika
	wa, wau	wa, wau
muthenia miingi	mthee nyongi	kaiingi
	maota	maguta
	-ku, -nu	-kuru
		irrimue
	imwe	imue
	yana	igana
kuulụ	iutu	igurru
gupingua	kuvingua, thatzia	kuohora
	vingue	kunikki
mavia	mai	mai
ningia	niinja	mũnku
	nya	nyaga
kiingi	niingi	kiingi
matu, witu	niakwa	niitu, witu
nakuthomi	nza	morromoinne
	kundia	kuwitika
kuthiukia	kuallulia	kukarrura
	kwani	kuohorra
	malaloi	huma

P

kuuma	kuluma	nguturrua
guikier	ekki mbu	kuhaka
	mwiu	mwiru
	mbōō	thiriga
	nthāā	irrā
	nendettu	tunegenne *or* shīra
	illala	miarre
	ikindu	mukindu
kunubeba	kuweva	kuhuma
	mulindalindu	irura
	ngwei	

English	*Swahili*
partridge	kware
	keringende (red-legged)
pass (v.)	kupita
pay (v.)	kulipa
peace	amani
penis	mbo
people	watu
pepper	pilipili
perhaps	labuda
pick (gather)	kuchuma
„ (up)	kuokota
pig	nguruwe
pigeon	njiwa
„ (green)	ninga, pl. maninga
pigmy	kebweti
pig tail	
pinch (v.)	kufinya
pipe	kiko, pl. viko
place	mahali, pahali
plain	uwanda
plant (v.)	kupanda
plate	sahani
please (v.)	kupendeza
plenty	tele
plover	tokowe, kwembe
plume (v.)	
point (v.)	kuchonga
poison	sumu
pool	mzaramu, ziwa, pl. maziwa
poor	masikini
porcupine	nungu
potato	kiazi, pl. viazi
pour (v.)	kumimina
pray (v.)	kuomba
pregnant	mimba, kuhamili
present	zawadi

	Kamba		*Kikuyu*
Ulu dialect	*Nganyawa dialect*		*Jogowini dialect*
engwalle		kindili (English)	ngwarra
	kimbaa (yellow-throated)		
	kikwaii (small red-legged)		
	kubita		kuhitukka
	kukwiva		kuriha
	amanni		naiita
	kia		uruu, musita
	andu		andu
	mwatzaka		kalugu
akethua		nikki	ngokoro
	kuotza		gwikier
	kugolania		kuoiya
	ngūe		ngurruwe
gia		ebui	ndutūrra
	mauyu		ikuni
	muṇdu mukubo		homū
	nzwi ondatha		kuuha
kumbunya		kunia	kukunya
kiiko		endoyo	
paandu		vanduva	haandu
kuanda		nuanda	hatheri
	kubanda		kuhanda
ūa, endjelle		enzella, enjele	
	kwendua		kuenda
nyingi		mweta	ningi
kinyililia		nduubu ya maanzi	kahoii
	gukalayala		kuithoa
gumōlota		kulota	kuorrota
ithumu		ibaii	urruru
	ndia		
masikini		inja	muthiini
	kithela		njege
makwasi		makwatzi	ngwashi
guekea		guikia	kuikirra
	kuvoiya		kuhoiya
	ebu		ihu
	wandete		ngeithi

English	Swahili
presently	halafu
prick (v.)	kuchoma
property	mali, milki
pull (v.)	kuvuta
„ (out)	kungoa
pumpkin	tangu
pus	usaha
push (v.)	kusukuma
put (v.)	kuweka, kutia
„ off (clothes)	kuvua
„ on	kuvaa
„ out	kutoa
„ „ (light)	kuzima
putrefy (v.)	kuoza

Q

quail	tombo
quarrel (v.)	kugombana
quarter	robo
quickly	hima, upesi
quiet	kimya, nyamaza
quiet (be)	kaleli
quiver (for arrows)	diaka, podo

R

rain	mvua
rainbow	upindi wa mvua
raise (v.)	kuinua
rat	panya
raw	-bichi
razor	wembe
reach (v.)	kufika
ready	tayari
receive (v.)	kupokea, kupewa
red	-ekundu

Ulu dialect	Kamba *Nganyawa dialect*	Kikuyu *Jogowini dialect*
kalanga	killia	nitigarete
kudonya	kutonya	kuthēsha
twie	nimali	mwarre
	kuzia	kugussia
kukua	kumia	kukurra
ulengi	majii	marenge
	mabia	mahira
gumuluta	kuluuta	kutiindika
gunayaa	kwiya	kuiga
	guumia	kurutta
gwioba	iove	kuiureka
	gumvotia	kuchomorra
guthima	vozia	kuhorria
	kukio	kuvutha

Q

	ndiliima		nditimuki
gumatete		kutetania	kurrumana
			ruatu
	mituki		hiuha, mituki
	pindia		kirra
	ekaunena		kirririria
thiaka		ithiaga	thiāka

R

	mbua		mburra
	kithuki		mogongo mburra
	kukillia		kuēēr
	mbea		mbea
	bithi		hithi
	wenzi		ruenji
kubiketi		mwiiti	kukinyirra
	kalanthi nēza		ehakui
kunengue		kuneengwe	kukwata
nduune		mweo	kitūne

English	*Swahili*
refuse (v.)	kukataa, kukataza
remainder	mabakia, msazo
remember (v.)	kukumbuka
repeat (v.)	
resin	ulimbo limbo
rest (v.)	kupumzika
return (v.)	kurudi
„ (give back)	kurudisha
rhinoceros	kfaru
„ bird	
rib	ubavu, pl. mbavu
right hand	mkono kulia
ring	pete, pl. mapete
ripe	-bivu
river	mto, pl. mito
road	njia, ndia
roof	pa, dari (flat)
root	shina, (pl.) mashina
rotten	-bovu
rub (v.)	kusugua
run (v.)	kupiga mbio
„ away (v.)	kukimbia
rushes	makangaga
rust	kutu

S

salt	chumvi, munyo
sandal	kiatu, pl. viatu
sap	maji ya miti
say (v.)	kusema, kuambia
scab	kigaga, pl. vigaga
scabbard	ala, pl. nyala
scar	kovu, pl. makovu
scent	harufu, manuka
scold (v.)	kunenea, kulaumu
scratch (v.)	kukuna, kupapura

	Kamba	*Kikuyu*
Ulu dialect	*Nganyawa dialect*	*Jogowini dialect*
kunalea	gulea	kurega
ikia	mbakweka	kutigarra
	kulilikana	kurrirkana
	nena neleto	ugaringi
	ulembua	ulembwa
	kuthumua	kuhuruka
kukullula	gujoka	kushoka
kusokia	kutuunga	kushokia
mbilla	mbutzia	hurria
	nthūēē	thiarri
	mbau	mbaru
kuoko kwaume	mkono waume	urio
mbeete	engōɯe	kichuhi
-beu	-kuju	-kwerua
ussi	udzi	rūi
nʙiɑ	ndthiɑ	njirɑ
kitaa	kuulu	nyumbaiguru
	itina	kitinna
-kio	-kigu	-kyuru
kunŏŏ	kuthambia	kuthambia
	sēēmba	kuhanyuka
	kukea	kūūra *or* kuhitha
	nthua	ithānji, pl. mathanji
ullalaku	kutu	ikuo

S

	munyu	munyu
	iatu	irratu
	ngūūli	maii mekuma
gutabia	matabie	kuarria
	mawia	kikoonde
	ndoo	enjorra
	papoete	kiremma
	kunyunga	kununga
gutetania	kunēnia	kurrumanna
kumbunya	kungunya, kuthia	kuithoa

English	*Swahili*
see (v.)	kuona
seeds	mbegu
sell (v.)	kuuza
sense	akili
set on fire	kutia moto, kuwasha
seven	saba
seventeen	kumi na saba
seven times	mara saba
seventy	makumi saba *or* sabwini
sew (v.)	kushona
shadow	kivuli, pl. vivulu
shake (v.)	kutikiza
„ hands	kukapiana mikono
sharp	-kali
sharpen (v.)	kunoa
shave (v.)	kunyoa
sheep	kondoo
shield	ngao
shiver (v.)	kutapatapa, kutetema
shoot (v.)	kupiga bunduki
short	-fupi
shoulder	bega, pl. mabega
show (v.)	kuonyesha
shut (v.)	kufunga
sick (to be)	kutapika
side	upande, pl. pande
sigh (v.)	kuugua, kukokota roho
sing (v.)	kuimba
sink (v.)	kuzamisha, kutosa
sister	umbu, pl. maumbu
sit (v.)	kukaa kitako, kuketi
six	sita
sixteen	kumi na sita
six times	mara sita
sixty	settini
skin	ngozi
„ (v.)	kuchuna

Kamba		Kikuyu
Ulu dialect	*Nganyawa dialect*	*Jogowini dialect*
	kukiitha	kuonna
mbēū	kumea	mbēu
guthozia	kuta	kuendia
kiliko	kier	mukirri
guakanna	kuvivia	kuhihia
muonza	moanza	muguanja
	ekumi na moanza	ikumi na muguanja
	ka moanza	ka muguanja
	miongo moanza	mirongo nguanja
	kutūma	kutumma
	kyu	kirruru
gumuthingithia	kitetemo	kurivariva
menenga kuoko	menenge mkono	kutambarraria
	-koi	-kuhiga
gubāāsia	kuthenoa	kunora
gumwenza	kuatua nzwi	kuinja
ilondu	ngoondu	ndurume
	ningau	ngo
gundetemma	kuimbebo	kuinaina
kwichamwisie	kunebuti	kūriinga *or* kuhora
-kubi	-gube	-kuhi
	kituo	kiande
gumonyia	kumbonyia	kuenyer
guoba	kuvinga	kuoha
gutapika	kutapika	kutahika
kalungu	ubandi	ruatu
gubeba	kuveva	kuheha
kwina	kukwea	kuina
gutonya	enthini	kukurirathini
	mwtiaiya	morua mwaiitu
kwi kalanthi	kalanthi	kwi karathi
thanthatu	thandatu	thanthatu
	ekumi na thandatu	ikumi na thanthatu
	kathandatu	kathanthatu
	miongo thandatu	mirongo ithanthatu
kithuma	alula	rūa
guthinza	umia	kuiroa

English	Swahili
sky	uwingu
slander	fitina
sleep (v.)	kulala
slip (v.)	kuteleza
slowly	polepole, taratibu
small	-dogo
small-pox	ndui
smell (v.)	kunuka
smoke	moshi, pl. mioshi
snail	koa, pl. makoa, konokono
snake	nyoka
sneeze (v.)	kuchafya, kushamua
snore (v.)	kukoroma
snow	barafu
snuff	tumbako ya kunuka
„ box	tabakelo
sob (v.)	ingia na shake la kulia
soft	-ororo, laiini
song	uimbo, pl. nyimbo
soon	bado kidogo
sore	donda, pl. madonda
sort	namna, ginsi
sour (to go)	kuiva
spark	chechi, pl. machechi
speak (v.)	kunena, kusema
spear	mkuke, pl. mikuke
spider	buibui
spill (v.)	kumwaga
spine	uti wa maungo
spit (v.)	kutema mate
spittle	mate
splinters	kibanzi, pl. vibanzi
split (v.)	kupasua
spot	kipele, pl. vipele
spring (of water)	chemchem
squint	makengeza
stamp (v.)	kupiga chapa

	Kamba		*Kikuyu*
Ulu dialect		*Nganyawa dialect*	*Jogowini dialect*
	itu		irrumbi
			kuriagorro
	kukoma		kukoma
gutendeluka		kuika	kutenderuka
	kabolla kabolla		kahora
kanini		kinini	kanyinyi
nthungu		ndui	muthungu
	kunyunga		kunungirra
suiki		chuchi, jashu	ndoogo
	nyoonga		ngonyonga *or* kanyonga
enjoka		mweanthi	nyamayathi
	kwathimwa		kwathimora
gukengorr		kukengorr	kungorrota
	meo		irra
būlii		kunyua	mbakki
keengi, mawia		ngusu	kinya kiomgongo
gutungango		kwia	kugirika
-ololo, nooro		-heke	-huthu *or* -hari
	wathi		liumba, kisuka
eteela		killia	kitirikiroka
	kitau		kironda, pl. ironda
kiindu		naanga	kindudagiki
	ntheyu		kumatta
nyalla		mbaaordi	thandi
	kuneena		kuarria
	itumu		itimu
	mbuabui		mbumbui
	kwitanthi		kuita
mwongo		mthumo	mukurumuthu
kundwila matta		kutwilanthi	kutua mata
matta		utta	mata
	kibulūūtua		thikaratchu
kwallia		atua	kuaturra
meetho mangua		ungu	uhere
	kithima		ndia
nthongo		mathugu	magarru
gutūlila		kuvutha	kuringa

English   *Swahili*

stand (v.)	kusimama
star	nyota
stay (v.)	kukaa
steal (v.)	kuiba, kujepa
steam	mvuke
stick	fimbo
,, (fire)	pekessu, ulindi
stick (forked for drying meat)	mbano
sticks (small)	ufito, pl. fito
still	nyamaza, -anana
stomach	tumbo
stone	jiwe, pl. mawe
stoop (v.)	kuinama
strangle (v.)	kunyonga, kusonga
stripe	mfuo, pl. mifuo ; utepe, pl. tepe
stroke (v.)	kupapasa
strong	nguvu, hodari
stumble (v.)	kujikwaa
stump	shina, pl. mashina
suck (v.)	kunyonya
suckle (v.)	kunyonyesha
suffice (v.)	kutosha
sugar cane	mua, pl. miwa
sun	jua
sunrise	kucha jua
sunset	mangáribi
sure	kujua sana
surround (v.)	kuzunguka
swallow (v.)	kumeza
swear (v.)	kuapa, kutukana
sweat	jasho, hari
sweep (v.)	kufagia
sweet	-tamu
swell (v.)	kufura, kuvimba
swim (v.)	kuogolea
swing (v.)	kubembesha
sword	upanga, pl. panga

	Kamba	*Kikuyu*
Ulu dialect	*Nganyawa dialect*	*Jogowini dialect*
guumanna	ungema	kurugamma
	ndata	njata
kwekalla	beleta	kwikaranthi
guya	kungea	kuiya
	siuki	ndoogo
ndatta	ndeta	ruthanju
	wiindi, kikka	gikka
		hige
	ita	kaandzu
	pindia	kina
ebŭ	ibu	nda
	ibia, pl. mavia	ihiga, pl. mahiga
gukumanna	kumena	kuinamerra
	kunyunga	kunyunga
	malollua	njorro
guditia	kwonan	kunyorokia
-binnia	-vinya	-hinya
	kuthua	kuhingu
	itanna	itinna
	kuonga	kuonga
guongo	kumoonyi	kuongithia
	kukianitte	kuigania
	iwa	kigŏă
sua	djua, thua	njua
	siwa nejumie	ruchiini
	wioo	hoiini
niwessi munnu	mukumana muno	kumenya
guthurrlukanna	kuthioluka	kuthirruruka
	kumellia	kumerria
gumuuma	kuguma	kuruma
	yūtia	uthithina
gututa	kuvieya	kuhata
kinamweyo	kiemuyo	mureo
guwimbeti	kwimba	kuimba
gukellea	kuthambia	kuthambira
gunumwenda	kuzoa	kuthuthirra
	uviu	rohiyu

English	*Swahili*

T

tail	mkia, pl. mikia
take away (v.)	kuondosha
,, care of (v.)	kutunza
,, it (v.)	kutwaa
,, off	kuvua
,, (to a person)	kupeleka
talk (v.)	kunena, kusema
taste (v.)	kuonja, kuthuku
tattoo	
teach (v.)	kufundisha
tear (v.)	kurarua, kupapua
tears	chozi, pl. machozi
teeth	meno
tell (v.)	kuambia
ten	kumi
ten times	mara kumi
testicles	mapumbu, tamboa
that	yule, ule, kile, etc.
thatch (v.)	kuvimba, kuezeka
their	-ao
there	pale, huko, kule, etc.
these	hawa, hii, hivi, etc.
they	wao
thick	-nene
thief	mwivi, pl. wevi
thigh	upaja, pl. paja
thin	-embamba
thing	kitu, pl. vitu
thirst	kiu
thirteen	kumi na tatu
thirty	thelathini
,, one	thelathini na moja

Ulu dialect	*Kamba* *Nganyawa dialect*	*Kikuyu* *Jogowini dialect*

T

kisithe	mwithi	kithita *or* kitomoi
ukillia	kutwa, okillia	kuerria
etuunya	kuthithia	kumorrora
gutwa	kutwa	kugirra
	kumia	kurutta
	kutoa	kutwarra
gunēēna	kunena	kunegenna
	gusamma	kuchamma
	nthoo	ndemua
gutabia ndeto	kumanithua	kumurruta
gutembua	kutembwanga	kutēmburra
	methoii	maithorri
	maiyo	mngego
	kutavia	kumwirra *or* kwira
	ekumi	ikumi
	kakumi	kuwaikumi
	mĕē	kekke
uuya, uyu	uenu	uyu
gugitta	akka	kugitta
weyo	naia	wao
kuuya, paiya	nagu	naguku, kuria, kuku, hau
aya, iya	tiaa, aya	aya
asu	andua, ua	wao, mao
-nenne	-nene	-tunguha, -tungu
kingeeň	kingii	mwichi *or* nene
utambi, kuu	nyonga	kierru
-thanthau	-mossu	-tchekka
kiindu	kinduki	kiindu
guwaooni	manyalo	kunyota
	ekumi na itatu	ikumi na ithatu
	miongo itatu	mirongo itatu
	miongo itatu naimwe	mirongoïthatu na imwe

VOCABULARY.

English	*Swahili*
this	huyu, huu, hiki, etc.
thorn	mwiba, pl. miiba
those	wale, ile, kile, etc.
three	tatu
thrice	mara tatu
throw (v.)	kutupa
thumb	kidole cha gumba
thunder	piga radi
thus	kama hivi
tick	kupe, papasi
tickle (v.)	kutekenya, kushtua
tidy	tanganezea
tight	kaza
tired	choka
toad	chura, pl. vyura
tobacco	tumbako
to-day	leo
toe	kidole, pl. vidole
tomato	nyanya, tunduguela (wild)
to-morrow	keshu
tongs	koleo, pl. makoleo
tongue	ulimi, pl. ndimi
tooth	jino, pl. meno
tooth-stick (for cleaning teeth)	msuaki, pl. misuaki
„ (hole in lower jaw)	
tortoise	kobe
touch (v.)	kugusa, kupapasa
track (v.)	kufuata nyayo
trade	biashara
trail (v.)	
trap	mtego, pl. mitego ; mtambo, pl. mitambo
tread upon	kukanyaga
tree	mti, pl. miti
tribe	kabila, taifa, pl. mataifa
trumpet	paanda
trunk (of tree)	shina, pl. mashina ; jiti, pl. majiti

	Kamba	*Kikuyu*
Ulu dialect	*Nganyawa dialect*	*Jogowini dialect*
uu, uya	tiu, ii	uyu
	mwiwa	mwigua, pl. migua
tiaa, aaya	aaya, īya	āria, aaya
	itatu	ithatu
	katatu	kathatu
kwichethika	ejelika	kute
kia kinene	tchia mwela	kiarra, tchiarra
kitundummu	ngwa	ngua
iko	ngivia	ikōō
	mbilli	ngukumma
kukilakillia	kuenthengilia	kutakenya
	ikaneza	kuthondekka
	oba killume	munyiti, kunyiitia
noiiye	ekunoa	kunoga
	kua	tūra
	Luuki	mbakki
umunthi	moonthu, endimo	rēu
kia, pl. sia	tzia	kiarra
	tindi (cultivated), ngoondu (wild)	matongu
ūni	ōni	rutziu *or* ruchiu
	itummu (large), ngosse (small)	ngūūri
kanyua	wimi	ulimi *or* rurimi
	maiyo, kutheko	igego, pl. magego
	mussuakki	mukīnyi
	enthawuni	uehe
	nguu	ngūrru
	gutella	kuthēsha
gumubigillia	kuvutha	kutuwirria
thoana	ithoa	sogora
	gukussia	kukuorria
uteo	mukwa	mtĕgo
gumukinya	kinya	kukinyanga
muti, pl. mitino	mti	muti, pl. miti
ebia	kōo, kidibia	rurirri
nguuli	thoo	tchoro
	shina	tina

English	*Swahili*
trunk (of elephant)	
truth	kweli
try (v.)	kujaribu
turn (v.)	kugeuza, kupindua
„ round	kuzunguka
turtle	kasa
twelve	kumi na mbili
twenty	asharini
„ one	asharini na moja
twice	mara mbili
twins	pacha
two	mbili
„ hundred	miteen

U

udder	kiwele
ulcer	donda ndugu
uncle	baba mdogo (mother's brother), amu (father's) mjomba
under	chini ya
understand (v.)	kusikia, kujua
urinate (v.)	kukojoa
urine	mkojo
use (v.)	kutumia
upset (v.)	kumwaga

V

valley	boonde, pl. maboonde
vegetables	mboga
vein	mishipa
very	sana
village	mji, pl. miji

Kamba		*Kikuyu*
Ulu dialect	*Nganyawa dialect*	*Jogowini dialect*
	ngwele	kiromo
kwelli	ngwau	niegawega, neguo arriawega
gusisia, ella	kuchichia	kugegerriria
kualliula	kuallula	kugarora
	kuthurrlukana	kusiororuka
	nguu	ngūrru
	ekumi na ile	ikumi na igiri
	miongoele	mirongoiri
	miongoele na imwe	mirongoiri na imwe
keeli	maille	kēēri
	mabatha	mahatha
	ile	igiri
	yana ile	igana igiri

U

	noondo	nyondo
	dondee	kironda
	mthomba	mama
paanthi	nthini	thīni
nēēwa	kwiwa	kwigua
guma	kūma	kuthuguma
maūmau	moomoo	mathugumu
	gutumia	gurrimira *or* kuendiete
kwitanthi	allula	kiuta

V

mboondo	neboonde	kianda
nyunni	mboga	nyeni
	mukibba	mukiha
munnu	mono	munu
muthi	midji	mwitchi

English	Swahili
virgin	bikiri, kizinda
voice	sauti
vulture	tumbuzi, pl. matumbuzi
vulva	kuma

W

wait (v.)	kungoja
wake (v.)	kuamka
walk (v.)	kutembea, kuenda
wall	ukuta, pl. kuta
want (v.)	kutaka
war	vita, kondo
warrior	asikari
war-song	
wart	chunjua
,, hog	gwashi, ngirri
wash (v.)	kuosha, kufua (clothes)
water	maji
waterbuck	kuru
waterfall	gengi
wealth	utajiri
we	sisi
well	kisima, pl. visima
,, (to be)	-zima
wet	maji-maji, rataba
what	gani, nini
,, for ?	kwa nini
,, is this?	nini hii
what sort	gani
when	lini
where	wapi
whetstone	kinoo, pl. vinoo
which	yupi, etc.

Kamba		*Kikuyu*
Ulu dialect	*Nganyawa dialect*	*Jogowini dialect*
mweetu		mutumanu, irrigu, mwirretu, ndurumuru
	kiūmūū	mugaambo
ndē	ande	ndere
	kinu	kino, kitu

W

kubetcela	kumbetaela	kweterrera *or* jeterrera
guamukka	egogella	kukirra
gwanganga	kutamboka	kutchānga *or* kuchēra
nguka	andekka	ruthingo
gungwenda	kumantha	kuenda
	kao	ita
maindcba	masahali	mwanake, pl. ānake
mbaii		nduugu (goıng), karre (returning)
		mbatata
	ngii	ngelee
	kuthambitzia	kuthambia
	maanzi	maii
	ndo	ndoo
	ūūsi niokūūma	mwinyirriri
	mundu muthi	kitōōnga
ithie	oithi	ithui
	kithima	kithima
muau	ndiondu	mugima
kithekka kithekki	maanzi maanzi	ituweku
nichiau	nichao	nikki
nichiau	nikki	nikki
nuu	kinichao	nikkigekki
mwau	kwachao	naorweu
nindii	indi	niri
naku	niba	ēku
ibia	kino, nthungu	inoro
kiumbe	nichaoke	ēku

English	*Swahili*
whiskers	
whisper (v.)	kunongona
whistle (v.)	piga mbinda, miunzi
white	-eupe
who	nani
wholly	kabisa
why	mbona, kwani, kwa nini
widow	mjani
wild	mwitu
„ dog	mbwa mwitu
wildebeeste	nyumbo
wilderness	bara, nyika
wind	upepo, baridi
„ (to make)	kujamba
window	dirisha, pl. madirisha
wing	bawa, pl. mabawa
witchcraft	uchawi
witch doctor	mganga, pl. waganga
wipe (v.)	kufuta
with	na, pamoja na, kwa
woman	mwanamke, pl. waanake
„	kijana, pl. vijana (girl)
„	mwanamwali (young woman who has not left her father's house)
„	mjakazi, pl. wajakazi (slave)
woman (old)	mzee, pl. wazee
womb	tumbo, mji, maviasi
work	kazi
workman	mtenda kazi, fundi
worm	minyoo
worry (v.)	kusumbua
wound	jeraha, donda
wrap (v.)	kukunja
wrinkles	
wrist	kilimbili

	Kamba	*Kikuyu*
Ulu dialect	*Nganyawa dialect*	*Jogowini dialect*
	mawia	noiya
	nena kabolla	kahora
mūūi	engamu	meruri
mwau	nzau	kierru
nuu	uunu	ireko
	tuamwenne	diothe
nichiau	nichawe	nikki
	muundu ute mume	niorrite
	kitheka	mutito
	mbewa	mbue
	nsaii	ngāti
bala	kitheka	wēēru
	mbebo	ruhuho
	kukollotia	kusuria
	kitonyi	
kithau	ndthauo	mathagu
	ūoii	urogi
	muganga, pl. aganga	muganga, pl. aganga
gusia	kuutche	kuutchia
	vamwe	hamue
mundu muka,	manamuka, pl.	mundu muka, pl.
pl. andu aka	andu aka	andu aka
	mweetu (girl)	kugurra (girl)
	ebu (pregnant)	ihu (pregnánt)
	kibeti (who has had 4 children)	
	thāāta (barren)	
	mkuu, kisee	tshushu, mundu mia
maa	mēthi	malla, mushii
uuia	mawia	uira
		muturri, pl. aturri
	kumanthoii	minyongora
	kunyāmā	kuhothina
	ilanga	kironda
	kukunsa	kukuunja
	ngutta	nigutha
nyēēlo	kilalau	itchoka

English   *Swahili*

Y

yam   kikwa, pl. vikwa

yawn (v.)   kupiga miayo
yellow   rangi ya manjano
yes   ndio
yesterday   jana
    „   (day before) juzi
yonder   kule
you   wewe (sing.), nyinyi (pl.)

your   -ako (sing.), -enu (pl.)

Z

zebra   punda milia

	Kamba	*Kikuyu*
Ulu dialect	*Nganyawa dialect*	*Jogowini dialect*

Y

kikwa, pl. ikwa	makwatzi	kikoa, pl. ikoa, kikera
kwathamia	imeo	ukia meo
	uwiji	
newua	nigwo	niugo
ēō	neo	ira
	ēsso	ĭo
kūūya	dyoya	okū, kūrria *or* hau
	we (sing.), inyui (pl.)	wē (sing.), inyui (pl.)
nichiako (sing.), enyu (pl.)	ichagu	yakoa, nyakua anyu (pl.)

Z

nzaii	mbuvu	njagi

NUMERALS.

English	*Swahili*
1	moja
2	mbili
3	tatu
4	'nne
5	tano
6	sita
7	saba
8	nane
9	kenda, tissa
10	kumi
11	kumi na moja
20	makumi mawili *or* asharini
21	makumi mawili na moja *or* asharini na moja
30	makumi matatu *or* thelathini
40	„ manne *or* arobaini
50	„ matano *or* hamsini
60	„ sita *or* settini
70	„ saba *or* sabwini
80	„ manane *or* themanini
90	„ kenda *or* tissaini
100	mia
first	-a kwanza
last	-a mwisho
once	mara moja
twice	„ mbili
thrice	„ tatu
4 times	„ 'nne
5 „	„ tano
half	nusu

Arabic but commonly used in Swahili

NUMERALS.

Ulu dialect	Kamba	Kikuyu
	Nganyawa dialect	Jogowini dialect
	amwe *or* imwe	imue
	ile	igiri
	itatu	ithatu
inna	inya	inya
itanu	kitanu	ithanu
thanthatu	thandatu	thanthatu
muonza	moanza	muguanja
nyanya	nanya	inyanya
	kenda	ikenda
	ikumi	ikumi
	ikumi na kimwe	ikumi na imue
	miongoele	mirongoiri
	„ na kimwe	„ na imue
	miongo itatu	mirongo itatu
	„ inya *or* enna	„ inya
	„ kitanu	„ ithanu
	„ thandatu	„ ithanthatu
	„ moanza	„ nguanja
	„ nanya	„ inyanya
	„ kenda	„ kenda
	yana	igana
	monthi	kuambirrira *or* ikinya
	itinna	kurrigillia
	kakamwe *or* kimwe	kirrimue
	keeli	kēēri
	katatu	kathatu
kainya	kanna	kanna
	kathandatu	kathanthatu
	nussu	kishuinji, kechuje *or* etigia

PHRASES.

English	*Swahili*
What is your name?	jina lako nani?
Where are you going?	wendapi?
What do you want?	wataka nini?
Where do you come from?	watoka wapi?
What are you doing?	wafanya nini?
What is this?	nini hii?
What do you say?	usemaji?
Where is the water?	maji wapi?
I do not know	sijui
I do not want	sitaki
I do not want to go	sitaki kwenda
I cannot go	siwezi kwenda
I will not go	siendi
I will go	nitakwenda
I will return	nitarudi
I am good	nimzuri
I am hungry	ninanja
I want milk	nataka maziwa
I have a child	nina mtoto
I do not see	sioni
I bring	naleta
Come here	njo hapa
Bring food	lete chakula
Bring water	lete maji
Call him	mwite
Make a fire	fanya moto
Be quiet	kaleli
Go away	enda zako
My child	mtoto wango
Your children	watoto wako
His cows	ngombe zake
His hand	mkono wake
Our village	mji wetu
Our father	baba wetu

PHRASES.

Kamba (Ulu dialect)	*Kikuyu (Jogowini dialect)*
wita wata ?	wita gwatia ?
uthi naku ?	wathiiku ?
wendakki ?	ukwendakki ?
uomanakko ?	umaku ?
weikatta ?	uguikatia ?
kiinichao ?	nikkigekki ?
wenenatta ?	ukugagatia ?
maiba maanzi ?	meku maii ?
ndimanya	ndiui *or* ndikumenya
ndikwenda	ndigika *or* ndikwenda
ndikwenda kuthi	ndigika kuthi
nditona kuthi	ndingihotta kuthi
ndithi *or* ndikathi	ndithie *or* ndikathie
nenkathi	ningathi
ningashoka	ningashōka
nimaseo	nimwega
ninadja	nihūtie
niguenda kalia	ningwenda irria
ninamwana	ninakana
ndineona	ndionna
niguete	nikurehe
uka haha	uka haha
ete lēu	reherria
ete maanzi	rehe maii
mwite	mwitorria
puba mwaki	akiamwaki
pindia	kirra
eenda *or* thi	innuka *or* thi
kana kani kakwa	mwana wakua
twana tuni nitwako	siana siaku
ngombe shiakwi	ngombe siake
kuoko nikwaki	uwoko wake
musie ni witu	mwitzi wiitu
nau witu	baba wiitu

English	*Swahili*
Our mother	mama wetu
Do you want to eat?	wataka kula?
That is a bad child	mtoto yule mbaya
A big child	mtoto mkubwa
A big house	nyumba kubwa
He has come	amekuja
You have lied	umesema wongo
We will both go	tutakwenda wote wawili
You are a bad man	wewe mtu mbaya
All the children are small	watoto wote wadogo
He is not here	hako
Do not come	usiji
We bring	twaleta
Not you	siwe
Not he	siye
Not we	sisisi
A good child	mtoto mzuri
A good man	mtu mzuri
A good knife	kisu kizuri
A good tree	mti mzuri
Good children	watoto wazuri
Good men	watu wazuri
Good knives	visu vizuri
Good trees	miti mizuri
In the head	kitwani
In the stomach	tumboni
In the trees	mitini
In the house	nyumbani
Salutation	Jambo
Reply	
Reply	

Kamba (Ulu dialect)	*Kikuyu (Jogowini dialect)*
inya witu	nyina wiitu
nukwenda kuya	ugika kurria
kana kani kathuku	kana kani nakuru
kana kanene	kana kanene
nyumba ninene	nyumba ninene
akuketi	aniuka
we neno wongo	we nikuhenia
itu kathi andu ele	tugu thi nawe
we mundu muthuku	we mundu muru
twana tonthe tunini	twana tothe tunini
tikwe	ndarikua
udikoke	udikuka
twa kuete	ithui kurehe
tiwe	tiwe
tinye	tinye
tiithi	tiithui
kana kani museo	kana kani kiega
mundu nimusea	mundu nimuwega
kabiu ni kaseo	ruhiu rwega
muti ni museo	mti unwega
twana tuni tuseo	twana tuni twega
andu anaseo	andu anega
kabiu kaseo	huishiu enjega
miti mino miseo	miti moni mijega
mutueni	mtueni
ebuni	ndaeni
mitini	mitini
nyumbani	nyumbani
o voo	mwohoro
o voo nēza	mwohoro mwēga
nēza	mwēga or mwēga munnu

Printed in the United States
By Bookmasters